Todo quedó entre versos

Todo quedó entre versos

Idaira Ramírez Triguero

Círculo Rojo
EDITORIAL

Primera edición: mayo 2024

Depósito legal: AL 927-2024

ISBN: 978-84-1073-222-3

Impresión y encuadernación: Editorial Círculo Rojo

© Del texto: Idaira Ramírez Triguero
© Maquetación y diseño: Equipo de Editorial Círculo Rojo

Editorial Círculo Rojo
www.editorialcirculorojo.com
info@editorialcirculorojo.com

Impreso en España — Printed in Spain

A María,
la persona que me dio alas para volar
cuando la propia vida me las cortó

Durante toda mi vida he creído que todas mis palabras eran inválidas, que mi amor era inválido, que mi propia vida era inválida, hasta que empecé a escribir. Entre estas páginas, mis sentimientos cobraban sentido y encontraba una manera de decir todo aquello que mi boca no se atrevía y, cuando no sabía qué decir, sabía que todo quedaría entre versos.

Nunca he sabido a ciencia cierta cuándo estamos solos y cuándo no. Ni tampoco me he planteado eso de si alguien nos cuida desde arriba hasta que la conocí a ella, hasta que conocí a mi ángel de la guarda.

Un 3 de julio tuve el coraje de escribir a una chica que me parecía muy interesante. Tras varios meses hablando, nos hicimos amigas; ella sabía mi historia y yo la suya.

Mi historia, la depresión; la suya, la leucemia.

Las dos nos apoyamos y nos entendíamos como ninguna otra persona.

Supuestamente se iba a recuperar, pero la desahuciaron. Tras saber este diagnóstico, lo único que supe hacer fue negar lo evidente y llorar.

14 días después de saber que su vida no iba a continuar más allá de un par de meses, pasó: ella se fue y me dejó una última petición.

Que publicase este libro.

El día del tanatorio, una amiga me dijo que la madre quería hablar conmigo sobre el libro, pero, la verdad, mi libro fue en lo último que pensaba en esos momentos.

Llorando en una esquina, vino su madre, me cogió de la mano y me presentó a algunos familiares de María.

Me llevó a donde estaba lo que quedaba de ella y me recordó lo que María me había dejado encargado, su última voluntad.

Así que esta es la razón por la que todos estos textos salieron a la luz.

Por esa persona que me salvó la vida, cuya vida no pude salvar.

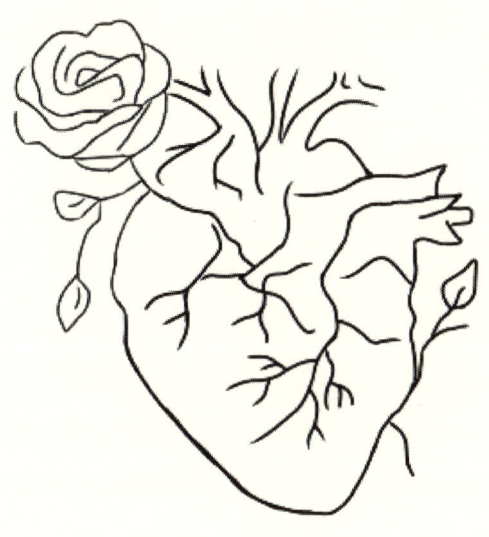

Amor

Este libro es para todos los amantes
que sienten el amor de la forma más bonita que pueden,
que viven por y para amar.

Por amor a él,
a ella;
por amor a la familia;
a los amigos;
amor a la carne y al deseo.

Por amor al arte,
amor a los recuerdos,
amor a sentir y llorar lo que sentimos.

Porque el amor
es el centro de nosotros,
de nuestra vida,
ya que sin vida no hay amor
y sin amor no hay vida.

Entre entradas y salidas

Entré en ti sin salir de mí.
Bueno, ¿por qué mentir?
Iba en idas y venidas,
perdí la noción del tiempo por pensar en ideas absurdas sobre mí
y sobre lo que está pasando.

Entré en ti.
Sin pensarlo ni un segundo, en una guerra en contra que con el
paso del tiempo me iba ganando. No saber parar esta lucha me
hacía perderme; bueno, me hace…

Sin salir de mí.
Salí, entré en ti y salí de mí,
salí de mi lógica mental,
salí de mi propio bienestar,
no me daba cuenta.

Querer negarlo no sirve de nada,
ni servía, ni sirve.

Te presento una guerra entre la lógica y el corazón.
Una guerra entre los prejuicios,
una guerra de la ida y venida.
No te das cuenta, pero todo está en mi contra, o esa es mi
percepción.

Quiero que gane la razón, quiero darme cuenta de la realidad.
Me mantengo en la idea de dos mundos diferentes, el tuyo y
el mío.

Veo el final del túnel, pero no avanzo.

Vuelvo a la guerra.
Hubo tregua, pero de alguna forma seguía en ella.
Por momentos me creo vencedora.
Pero ¿lo soy realmente?

Invitaciones

Te invito a una tarde de lágrimas bajo una fuerte lluvia.
Te invito a llorar, a reír y a cantar.
Te invito a que seas conmigo,
a que pruebes, y si te gusta la sensación,
prometo dejarte un hueco al lado de mi corazón.
Te invito a una noche de desconexión, tú y yo, lejos de la
realidad, mientras vemos un sol caer y una luna aparecer.

Ojalá que fuera la realidad, pero es solo un sueño sin final.

Te invito a recordar esos momentos lejos del concepto de la
moral, esos pequeños segundos de conexión entre dos miradas
sin ningún porcentaje de maldad.
Te invito a querer llegar al final, conmigo de la mano y las
envidias detrás.
Te invito a que, si te sientes mal, no dudes en llamar, porque
estaré para hacerte reír, chillar y besar; pero no dudes que
también me verás en el momento que decidas llorar.

Te invito a vivir.
No a sobrevivir.

Callar

Callaste, incluso aun debiéndote los 3000 besos que te prometí
y nunca te di.
Callaste al saber que no eras la única en mi mente ni en mi cama.
Callaste sabiendo que yo no te merecía.
Callaste sabiendo lo mucho que tú eras
y lo poco que era yo.
Callaste la de veces que te levanté la mano
y tú temblabas de dolor
al temer que rozara tu humilde piel.
Callaste a la hora de confesar la verdad de los sucesos que
pasaban puertas adentro en tu paraíso de pladur.

Callé la de veces que veía taparte los moretones que mi propio
puño te provocaba.
Callé la de perdones que siempre te debí.
Callé cuando tu madre nos preguntó si todo estaba bien.
Bueno, no callé, mentí.

Siempre te deberé mil disculpas.
Perdón por las noches repletas de llantos.
Perdón por las veces que tus ojos se cerraron al temer de mis manos.
Perdón por prometerte una historia de amor que jamás cumplí.

Perdón por no haber sido yo el indicado.

Sanar

Una herida mal suturada,
una herida que cerré con prisa por querer sanar algo que daña.
Esa herida gotea,
gotea una mezcla de sangre y lágrimas,
una mezcla de recuerdos y dolor,
una mezcla de sentimientos.
Esa herida está mal cerrada; no podría decir que está cerrada
porque nunca se llegó a cubrir, solo la tapé con falsas esperanzas.
Eres la tirita de esta herida.
Una tirita que no pega, pero sí arranca una a una las pequeñas
esperanzas de sanar.

Quédate

Quédate.
Quédate a mi vera.
Quédate hasta que la herida sane,
hasta que tu presencia se me haga innecesaria.
Quédate pese a que eso nunca vaya a pasar.
Quédate a descubrir mis ideales.
Quédate a conocer mis miedos y afrontarlos de mi mano.
Quédate a triunfar conmigo.
Quédate hasta que tu pequeño infinito sea mi deseada eternidad.

Sentir

Tú me enseñaste a sentir.
A sentir lo que es el bien y el mal.
A sentir la libertad.
A sentir la adrenalina del momento.
A sentir lo que es el amor.
A sentir paz al escuchar la brisa del mar.
A sentir que todo es posible si es a tu lado.
Me enseñaste a vivir la vida que me ha tocado aunque no fuera
muy buena.
Me enseñaste a vivir cada momento como si fuera el último.

Planes

Mi plan A es amarte hasta que mi subconsciente me lo permita.
Mi plan B, besarte, besar cada inseguridad hasta que tu cabeza
la olvide.
Mi plan C es calmar cada provocación que sientas como un error,
pero mi plan D es dejarte ir.
Dejarte ir a cumplir tus sueños, que cumplas tus planes.
Unos planes en los que yo no estoy, un futuro sin mí.
Unas metas que no llevan mi nombre.
Teníamos ideas diferentes y juntos nos habríamos atado en corto.

Celos

Quería que fueras para mí.
No como trofeo, sabes que nunca te trataría así.
Quería que en tus noches malas sea mi llamada a la que recurras,
quería que cuando tuvieras un logro nos vieras a nosotros dos
celebrándolo,
quería que después de cada pelea lo arreglásemos como solo
tú y yo sabemos.

Pero no fue así.
Me tocó verte liándote con otra.
Queriendo a otra.
Besando a otra.
Cambiando tus errores para estar con otra.
Viviendo una vida y siendo feliz con otra.
Incluso me hablaste de la otra.
Buf, golpe bajo.

Odio

Ella odiaba muchas cosas.
Odiaba su pelo,
su cara,
sus brazos,
sus piernas,
su cuerpo entero.
Ella odiaba su extraña personalidad.
Odiaba sus noches de soledad, pero también estar con gente
que (des)conocía.

Ella odiaba tantas cosas que intentó cambiarlas una a una.
Acabo perdiendo,
perdiendo el tiempo y perdiéndose ella.
Tanto se perdió que acabó en un laberinto en el cual todavía no
se ha encontrado.
Ella también odia ese laberinto.

Ella acabó odiando todo lo que le rodeaba,
todo lo que amaba
y a todos a los que amaba.

Un bucle de odio,
allí es donde ella cree que habita,
sin darse cuenta
de que todo lo que odia
algún día lo amó.

Sálvame

Desde hace tiempo me quejo de lo mismo.
Solo escribo de amor.
De amor a él, a ella, al prójimo.
¿Qué hago si es lo que me rodea?
Rectifico, es lo que quiero que me rodee.
Siempre he pensado que alguien me salvaría, que alguien llegaría y me haría cambiar,
que me daría las ganas y la sonrisa que hace tanto tiempo añoro.

Quiero…
Bueno, vuelvo a rectificar.
Necesito tanto que rellenes ese vacío en mí,
ese vacío que de momento relleno con simples escenarios imaginarios a tu lado.

Tú prometiéndome que me quieres,
tú prometiéndome que estás y estarás ahí,
tú prometiéndome sacarme del pozo que yo misma me he cavado.

No es real.
No me vas a salvar.
Ni tú ni ella ni el prójimo.
A duras penas me tendría que salvar yo.

Pero entonces,
si el amor no nos salva,
¿qué nos salvará?

Volver a ser

¿Quién soy?
No sé.
¿Quién seré?
No sé.
¿Quién fui?
Eso lo sé.
Fui la que reía con solo mirarte.
La que disfrutaba cantando con sus amigos;
fui la que quería rosas, libros y besos.

Soy yo.
Somos yo.
Aunque en mi pasado y mi presente no somos las mismas.
Un día dejé de ser yo y empecé a ser desconocida.

Fui la que lloraba porque no te veía.
La que no disfrutaba con la compañía.
Era la que no quería ni fiestas ni abrazos ni preguntas,
aunque los necesitaba.

Tras mucho esfuerzo estoy empezando a ser todas a la vez.
Estoy empezando a ser yo.

Aprender a querer

Te quiero mucho.
Quizás mal, eso no te lo voy a negar.
Pero intento quererte bien.
Querer un futuro contigo.
Querer unos planes contigo.
Quererte a ti.
A tus logros.
A tus tonterías.
A tus rayadas.
Quiero aprender a querer(me)
para así con el tiempo saber querer(te).

Ahora voy yo

Dicen que soy una tía difícil.

Pero solo quise que me regalaran flores,
que me dijeran que me querían,
que me leyesen y que me abrazaran.

Quise eso de ti.
Esperaba eso de ti.

Ahora yo me regalo flores.
Yo me quiero a mí misma.
Yo me leo lo que yo misma escribo.

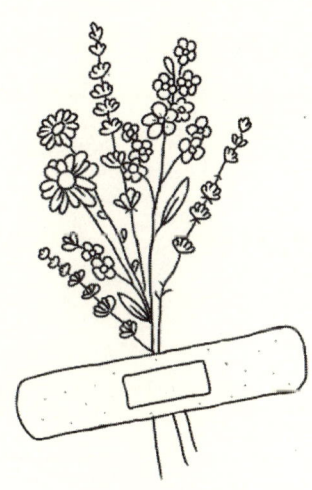

Soy yo

Soy un 10, pero los celos superan mi parte racional.
Soy un 9, pero necesito controlar la situación en todo momento.
Soy un 8, pero odio no tener siempre la razón.
Soy un 7, pero mi mente me la puede jugar en cualquier momento.
Soy un 6, pero no sé perdonar.
Soy un 5, pero tampoco sé olvidar.
Soy un 4, pero a veces mi ego es insuperable.
Soy un 3, pero le doy prioridad a lo que piense la gente.
Soy un 2, pero me hago la dura.
Soy un 1, pero no sé estar sola.
Soy un 0, pero como no soy un número, me presento: soy Idaira.

2:47

«Oh, darling, all of the city lights.
Never shine as bright as your eyes».

James Arthur

Y, al mirarte, lo entendí todo.
Entendí lo que era amar.

Miré al horizonte por dejar de pensar,
pero de repente te vi
mirándome de aquella forma tan especial como tú solo lo haces.

Confié en ti de una manera ciega
y te juro que no me arrepiento de nada,
porque siempre fuiste mi persona favorita.
La mirada que más paz me traía.

Él fue quien consiguió sacar el brillo que les faltaban a mis ojos.
Unos ojos que brillaban al verlo.
Unos ojos que se apagaron cuando se marchó.

Nada volverá a ser como antes, yo no brillaré igual.
Pero ya puede venir quien sea,
que mis ojos no lo mirarán
con el mismo destello con el que te miraban a ti.

Perdón

Hey, he vuelto.
Perdón por haber desaparecido,
por haber ignorado tus llamadas
y por haber dejado que te preocupases.

Perdón por no haberte abrazado lo suficiente,
perdón por haberte dedicado mis besos en versos.

Perdón por todos los poemas que este libro recoge suplicándote
que vuelvas.
Perdón por esos miedos que se transformaron en inseguridades
que mataron las mariposas que hacían que me vieras única.

Perdón por haberte gritado mis verdades,
perdón por haberte dejado ir.

Perdón por no haber amado,
besado
y cuidado.

No de forma sana.
No de forma suficiente.

Nos declaro marido y mujer

Me enamoré de ti en cuestión de segundos,
de alguna manera ya lo presentía,
que por cada sorbo de café
me enamoraba más de tu locura.

Que por cada mirada inocente
quería perder esa inocencia,
que por cada segundo que pasaba
sabía que el «para siempre»
a tu lado se me quedaría corto.

Me quitaste el miedo a enamorarme
y, sin saber exactamente qué pasó,
contigo se desvaneció.
Supe que pasaste,
ya que cambiaste el rumbo de mi vida
y con tan solo tu mirada me evadiste de mi pasado.
Solo pensaba en el presente
y en nuestro futuro.

Me quitaste el miedo y decidí arriesgarme
y amarte sin ningún tipo de límite.
Desde ese entonces,
mi único deseo es levantarme cada mañana a tu lado
y en un tiempo no muy lejano
poner un anillo en tu mano.

Llámame

¿Puedo llamarte esta noche?

Hoy me han pasado cosas que me han recordado a ti.
Y a nuestro pasado.

A menudo me pasa, pero no le doy importancia.
Intento ocultar nuestros recuerdos y todo lo que nos prometimos.

Lo oculto por ti
y por no volver a culparme por aquello que hiciste.

Todo se jodió por esa llamada que nunca ocurrió,
por esos números que nunca marqué,
por ese contestador que ni escuché.

Pero no puedo evitar preguntarme:
«¿Y si te hubiese llamado aquella noche?».

Conociéndonos

Me transformé en un monstruo
plagiado al que vive bajo mi cama,
aquel que intenté despedir,
pero ahora temo por su huida.

Aquel que suplica por mi tranquilidad,
aquel que me seca las lágrimas,
aquel que me prometió paz en medio de una guerra.

Aquel que se convirtió en mi sombra,
aquel que me consoló cuando las lágrimas recorrían mi cara
o incluso cuando con ganas no lo hacían.

Aquel que me animó,
aquel que me calmó
y aquel que se preocupó.

Aquel que veía como enemigo.
Pero tras conocerlo me di cuenta de dos cosas:
la primera,
que ya no era enemigo,
y la segunda,
que ese monstruo cra mi solcdad.

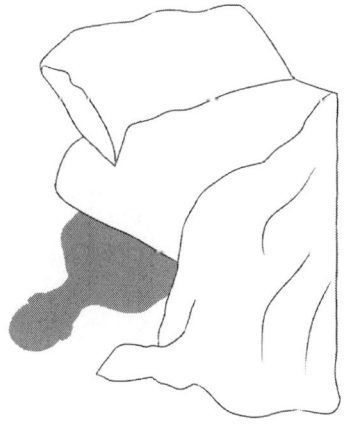

Haz el amor y no la guerra

Fue entonces cuando entendí la frase de «haz el amor y no la guerra».

Yo solo buscaba el amor
y de repente lo encontré en los ojos más misteriosos,
en los labios más sinceros
y en los sentimientos más puros.

Lo encontré cuando me calmaste
con un simple abrazo,
cuando me callaste con aquel beso
y cuando me insinuaste la posibilidad de un futuro perfecto.

Por desgracia, también descubrí lo que era la guerra,
ya que, tras cada palabra que no te convenía,
lanzabas flechas repletas de rencor por una batalla que se
mantenía en tregua.

Por cada pelea, amé más mi sed de venganza,
hasta que en la última batalla
dos corazones se plantaron cara a cara
y se hizo la guerra en vez del amor.

Miedo a vivir

He de declarar
que tengo miedo a vivir,
pero me hace falta mucha vida.

Que permanece un miedo
a publicar estas páginas
y te canses a la tercera.

Que vivo con miedo a amar,
a amar(te),
a amar(me);
miedo a no saber
si te amé bien,
si te amé mal
o si realmente en algún momento lo hice.

Que existe la posibilidad,
aunque sea mínima,
de que en su momento me diese miedo
ser feliz,
ya que no estaba acostumbrada.

Que tengo miedo a gritar,
miedo a reír,
miedo a vivir.

Exigencia

Exígeme tanto como puedas,
hasta que rinda mi último aliento.

Exígeme hacerte sentir magia
al leer mi poesía
o que te transmita nervios
al tocar el balón
a los últimos segundos de un partido.

Exígeme que te demuestre
que hay algo recorriendo mis venas,
ya sea arte o talento.

Exígeme
que día tras día
dé el 127 % de mí
al estar bajo 3 palos.

Exígeme sentir los colores,
sobre todo el verde.
Exígeme sentirlo con pasión.

Exígeme vivir
mi propia vida.

Quiero vivir

De mayor quiero ser rica,
rica en recuerdos,
en vivencias,
rica en valores y principios.

Quiero viajar por todos aquellos lugares
que decida un dardo
tirado a un mapa
tras unas copas de más con colegas.

Quiero que, cuando salga el sol,
pueda ver monumentos
y, cuando salga la luna,
dormir con uno de ellos.

Quiero tener la posibilidad de huir
cuando quiera,
cuando lo necesite,
sin tener que mirar atrás,
y darme cuenta de que estoy atada
a aquella vida
que durante años
me ha aterrado.

Él y ella

Él era la calma,
ella la revolución;
él la debilidad,
ella la psicópata;
él obsesionado en tantas imperfecciones
y ella tan enamorada de ellas.

Eran tan diferentes que ni en la locura se parecían,
pero veían amor en lo exótico
y en lo caótico.

Separados eran carencias
y juntos puro caos,
pero un caos necesario.
Un caos que visto por ciertos ojos
era perfecto.

Y como en un puzle,
dos piezas diferentes
cuadran más que dos iguales.

Vida

Traté de entender la vida
sin antes entenderme a mí.
Pero al fin lo entiendo todo.

Entiendo que un número no califica mi inteligencia
aunque durante mucho tiempo me haya clasificado.
Entre listos y tontos.

Entiendo que el amor no duele,
duele todo lo que confundimos con amor.

Entiendo que la vida
no es levantarme a las 7:00,
ir a trabajar
y consumirme en las 4 paredes de una oficina
al menos no lo es para mí.

La vida
es pillar de improvisado
y con tu amada soledad
ir a descubrir mundo
de la mano de ella
y de la mano de mis miedos,
que poco a poco se irán quedando en el camino.

Planear mientras vives,
olvidar mientras aceptas
y amar mientras recuerdas.

Entiendo que vida
solo hay una.

Tengo que aprender del sabio

Una vez un sabio me dijo: «Cuando algo te va bien, no lo cambies»,
y me lo intenté aplicar,
pero involuntariamente todo cambió,
o tú me cambiaste.

Cambiaste de forma repentina,
ni siquiera me dio tiempo a acostumbrarme,
ya que, dependiendo de la dirección del viento,
me amabas
y, dependiendo de las olas del mar,
me odiabas.

Cambiaron mucho las cosas
y lo peor es que no me di cuenta.

¿Cómo?
¿Cuándo?
¿Por qué?

Preguntas que jamás se responderán
porque ya la tienes a ella,
porque ya tienes tu cuento con final feliz
y un pasado totalmente olvidado.

Pero ¿sabes qué?
Yo no he cambiado
y, al igual que quise que fueras feliz conmigo,
quiero que seas feliz
con ella o contigo mismo.
Pero sé feliz.

¿Gané o perdí?

Me mandaste a luchar
una guerra que estaba perdida,
una guerra que mantenía al filo del acantilado,
una guerra que me debilitaba
por cada herida.

Una guerra donde derramé sangre
y no de forma metafórica.
Una guerra con un final trágico,
un final solitario.

Sobreviví.
Con la condición más dolorosa de mi vida.
Sacrificarte.

Ya no te lloro
porque por fin he entendido
que como en el ajedrez
hay veces que para ganar
es necesario sacrificar un peón.

Devuélveme

Devuélveme la sonrisa que perdí cuando te fuiste,
devuélveme los recuerdos,
devuélveme esas mariposas que habitaban en mi estómago
cada vez que te veía.

Devuélveme a la noche que te conocí
gracias a la valentía
que me dieron unas copas de más.

Devuélveme aquel beso,
aquel viaje,
aquel baile.

Devuélveme la ilusión del reencuentro,
devuélvemela aunque me la quitases tras tu marcha.

Por devolver,
devolvamos las promesas incumplidas
o los recuerdos que ya jamás se recordarán.

Devolvámonos la vida
y las ganas de amar.

Veneno

«Y aunque quiera yo,
no puedo vivir sin tu veneno».

Delaossa

Bebí desde tus más sedientas lágrimas
y, sin darme cuenta,
me embriagué de tu esencia.
Desde ese entonces, quería una vida eterna
entre copas, si sabía que ellas me llevarían hasta tus piernas.

Pero hay un secreto más allá
y es que vivía de tu amor
y moría por tu dolor.
Vivía en eterna tortura
a cambio de 5 minutos de tu paz.
Vivía por y para la sobredosis de tu veneno,
ya que no hay antídoto para un corazón roto,
porque lo malo es adictivo
y lo peor obsesivo.

Con la excusa de odiarnos,
olvidamos hasta la parte de amarnos.
Pero lo de nosotros no era amor;
más bien éramos Roma,
ya que vivíamos entre las ruinas
de dos corazones infectados
a causa de nuestro veneno.

Recuerdos

Todos los seres humanos aquí presentes
somos momentos,
somos recuerdos.

La imagen más valiosa
que tengo de ti
en mi memoria
es la que mi mente
a través de mis emociones
me hace recordar.

Tienes suerte.
En vez de recordar
todas aquellas veces que me hiciste pedazos,
todas aquellas veces que antepusiste a cualquiera frente mí,
todas aquellas veces que no valoraste que me quedara a tu lado.
En vez de tener esos recuerdos de ti,
recuerdo cuando dormido no me soltabas la mano,
recuerdo como sonreías al verme brillar
o como me mirabas cuando ni te veía.

Tengo suerte.
No mancho mis recuerdos con lágrimas,
no te recuerdo con dolor
aunque ya pasaste,
aunque ya doliste.

Soy humana.
Pero significaste más allá que un momento,
más que un simple recuerdo.

Dime adiós

Te amé,
te respeté
y te adoré.
Pero despídete.

Fuiste el amor de mi vida,
mis mejores buenos días
y mi deseo al soplar las velas,
pero suéltame.

Fuiste mi caos
y mi salvavidas,
fuiste mi cordura
acompañada de mi locura,
pero déjame marcharme.

Me causaste curiosidad
después ilusión
y finalmente delirio.
Pero ya acabó.
Ya tan solo
dime adiós.

Te espero

Sigo aquí,
en el mismo banco de siempre,
con los mismos sentimientos de siempre,
esperándote,
esperando algo que no va a volver.

Seguí aquí
esperando a que el móvil vibrara,
esperando tu llamada,
esperando que mágicamente aparecieras,
esperando(te).

Seguiré aquí
durante el tiempo que necesites
aunque yo misma te necesite.
Te espero, ¿vale?

¿Escritora?

No soy escritora.
Mis letras no llevan la magia
que transmitía Lorca,
mis textos no transmiten la pasión
del gran Shakespeare,
ya que me faltarían vidas
para igualar su talento.

Es cierto,
yo no pasaré a la historia
como aquellos grandes que eligieron sentir
y transformarlo en letras,
pero puedo decir con toda certeza
que he creado una historia
que he transformado sentimientos
y los he plasmado en una hoja de papel.
Y puedo decir
que aquellos trozos de papel
con letras sin sentido
para ciertos ignorantes
arreglaron los pedazos rotos
de mi alma
y de muchas almas más.

Amar mata

Después de cada problema
recurrías a mí.

Todo estaba oscuro en aquella discoteca,
pero vi algo brillar saliendo por la puerta.
Y sin pensarlo dos veces,
salgo.
Con los nervios como si dos niños pequeños fuéramos.
Mis primeras palabras fueron «¿Fumas?».
Te ofrezco mi amor escondido en un paquete de tabaco
y de la manera más tonta nos fumamos la vergüenza.
De repente, todo está en silencio,
solo escucho tu voz.

Y me enciendo un cigarro.

Vamos de aquí para allá
como dos amigos de toda la vida,
como si de alguna manera
te conociera de siempre.
La tensión se palpa en el ambiente,
la conexión es indescriptible
y la magia es innegable.
Salimos a fumar y posas el cigarro en tus labios con tal delicadez
que solo puedo pensar en una cosa.
Es ahora o nunca.
Te lo aparto de la boca y consigo lo que tanto deseaba:
un beso con sabor a tabaco.

De repente, mi futuro ha cambiado
y de mis dos cigarros
uno pasa a ser tuyo,
ya queda tu nombre grabado a fuego.

Y me enciendo un cigarro.

Me peleo contigo por cosas banales
y convertimos los secretos en susurros
a gritos duros.
Y me cabreo tanto que cojo el abrigo y no te digo ni adiós.

Y me enciendo un cigarro.

Te veo de lejos
después de todo sin una explicación,
después de que todo se saliera de control;
pero ya no es lo mismo,
ya solo noto murmullos
y una falta de conexión entre tú y yo.

Aun así, tengo la esperanza de que en algún momento te
apetezca fumar
y ahí ver la oportunidad de salir detrás de ti
con las mismas intenciones que el día que te conocí
para simplemente preguntarte: «¿Fumas?».
Pero no te veo salir.
Es ahí cuando pierdo la esperanza.

Y me enciendo un cigarro.

Desde que apareciste,
mi vida se resume en lágrimas que secan las caladas del último
cigarro que prometo fumarme, pero nunca es el último.
Tus besos,
como los cigarros, siempre pido uno de más
a la primera persona que veo aunque prefiera uno en concreto.
Por ti siempre di tres caladas de más.
Por ti, si hacía falta, me recorría el mundo entero
tan solo por un beso con sabor a tabaco
esperando a que enciendas el mechero
como encendiste mi curiosidad cuando te vi;
pero esta vez,
al ver que te has desvanecido como el humo,
no enciendo ningún cigarro.
Esta vez decido dejar de fumar.

Improvisando de nuevo

Llegó un momento en mi vida
donde me quedé sin planes
y empecé a improvisar.
Fue ahí,
justo entonces,
cuando empecé a vivir en torno a lo que sentía.
A llorar cuando las lágrimas venían
y a reír cuando la ocasión lo merecía.
Dejé los planes a un lado
y, sin preocuparme demasiado,
empecé a vivir mi nueva vida.

¿Qué harás?

Si vuelvo a recaer,
a no querer levantarme de la cama,
a no querer un futuro,
a ser la persona que enterré en un pasado.
Si me rindo,
¿te quedarás?

Si sale mi lado inseguro
mezclado con mi lado tóxico,
si se me olvida cómo cuidarte
o cómo besarte,
¿me querrás?

Si no vuelvo a verte,
pero tu mente no deja de pensarme;
si huyo por mi bien
o por el bien de los dos,
¿me llamarás?

Si desaparezco
sin antes haber dicho adiós,
si huyo sin previo aviso
o si me separo
aunque sea a 3 centímetros de tu boca,
¿me buscarás?

Si dejo de creerte
cuando me dices que me amas,
cuando me dices que valgo,
cuando me dices que estará todo bien,
si dejo de creer
en que he salido de toda la mierda
que he logrado lo que me prometí,
¿me convencerás?

Se quedó en el olvido

Mucha gente se ha olvidado de mí
durante el trayecto de mi vida,
esa misma gente que levantó cielo, mar y tierra
por ver una sonrisa en mi cara,
y, la verdad, no lo entiendo.

Mucha gente se ha olvidado
de lo mucho que me gusta el atardecer,
de que mi pasión es escribir
y de que donde mejor me siento es bajo tres palos.

Mucha gente se ha olvidado
de que no soy perfecta,
de que río en público
y lloro en silencio,
y de que suelto burradas
en los peores momentos.

Mucha gente se ha olvidado
de que yo los necesitaba a ellos,
de que yo me necesitaba,
y en mis peores momentos
ambos faltaron.

Ilusión

Vivo con la ilusión de verte otra vez
y, aunque sea imposible,
prefiero vivir de ilusiones
a aceptar que me toca vivir sin ti.

Me niego a aceptar
que durante lo que queda de vida
tendré que abrir los ojos
sabiendo que no te verán,
que no te admirarán.

Pienso que algún día,
aunque sea dentro de mucho,
volveremos a encontrarnos,
ya que de ilusiones se vive.

Un mundo sin ti

Madrid sin ti
a falta de un paseo de retiro
junto a tu corazón,
más grande que Gran Vía,
y tus ojos,
que al verme brillan más que Sol.

Barcelona sin ti,
que tu amor sea tan sagrado,
ya que eres mi familia;
caminar junto a ti,
vivir junto a ti,
pese a que mis chistes no te hagan Gràcia;
que tus curvas son arte
y tu cuerpo
un monumento
como los de Picasso.

Valencia sin ti,
que entre amor y pasión
las sábanas arden
mucho más que las mismísimas fallas.
No somos ciencia, pero entre tú y yo hay química,
y verte todas las noches
tan insinuante,
eso sí que es arte.

Que te podría comparar con miles de ciudades más,
pero al ser tus piernas mi mapa,
el mundo se me quedaría corto.

Que si tú eres mi mundo,
quiero conocerte.
País a país,
ciudad a ciudad,
rincón a rincón,
hasta que el avión sea nuestro hogar
y nuestro amor se perciba en el aire.

Más de cinco

No me sé exactamente tu plan,
pero si tienes 5 minutos,
te explico el mío.

Te voy a besar
ahora y después,
antes de cenar
y después de despertar.

Voy a lamer cada hueco que vea en tu cuello,
a devorar cada centímetro de tu piel,
hasta que haya recorrido lentamente cada parte de tu cuerpo.

Te voy a prometer un futuro,
pero te voy a dar un presente,
y sin esperarlo olvidarás tu pasado, entre cervezas y cigarros,
entre besos y caricias,
entre noches y días.

Tú y yo,
que contigo podría construir miles de universos,
y hemos preferido
construir un hogar
ladrillo a ladrillo,
mirada a mirada,
beso a beso.

Yo,
que olvidé mi parte narcisista
por centrarme en ver cómo te peinas cada mañana
justo antes de que con pequeñas caricias provocativas
se arme el caos en tu pelo
bajo aquellas nuestras sábanas.

Tú,
que con tus excusas
intentabas evitar a toda costa las etiquetas,
que solo buscabas pasar un ratito,
y de repente los 5 minutos
se han convertido en muchas horas.

Volver al pasado

Te perdí,
es un hecho.

Pero daría mi vida
para poder volver a conocerte.
Volver a abrazarte.
Volver a besarte.

Para volver a tomarnos ese café
en aquella terraza
donde me contaste tanto de ti,
donde me enamoré tanto de ti.

Quiero volver a ilusionarme,
volver a nuestro primer beso,
volver a sentir cómo se me erizaba la piel
ante tu primer «te quiero».

Para volver a mirarte sin dolor,
sin rencor,
sin pena,
para que volvamos a ser tú y yo.
Al menos, por un momento.

Versos

¿Qué tendrá la noche?
Que me invade de emoción,
que me aprieta el corazón
y por ella me siento repleta de inspiración.

¿Qué tendrá el día?
Que me mata la alegría,
que me llena de sequía,
que me hace sentir vértigo por el mismo día a día.

¿Qué tendrá la vida?
Que en conjunto con mi pasión
me ata en contra de mi deseada liberación,
la cual no siente ni una mínima comprensión
por un corazón a falta de razón.

Ganar(me)

Quizás necesito perder para ganar.
Perderte a ti
y ganarme a mí misma

Ganar ese respeto que me perdí,
ganar los pequeños momentos de paz,
esos que tú me arrebataste.

Ganar de nuevo confianza,
confianza en mí
y en todo lo que merezco.

Ganar una lucha contra mi mente,
contra mis inseguridades,
contra mis miedos.

Ganar las sonrisas,
las lágrimas de felicidad
y la vida que me quitaste.
Ganarme el cariño
de mí misma.

Diferentes

La diferencia entre tú y yo
es que yo te amé.
Te amé como amiga,
como compañera,
incluso siendo tu mayor secreto.
Mientras tú,
tú eras extraño cada vez que me extrañabas.

La diferencia entre tú y yo
es que yo intenté salvarnos
y tú te salvaste.

La diferencia entre tú y yo
es que, aunque ya ni nos dirijamos la mirada,
jamás saldrá una mala palabra de mi boca,
mientras tú
no pondría la mano en el fuego por que dijeses lo mismo.

mientras tú
no pondría la mano en el fuego por que dijeses lo mismo

La diferencia entre tú y yo
es que yo todo lo hice de corazón,
con sentimiento, ya sea amor u odio,
pero con sentimiento,
y tú me matabas con tu frialdad,
me rompías con tu indiferencia.

La diferencia entre tú y yo
es que yo veía perfección entre tus imperfecciones
y tú simplemente no me veías.

Ardiente

Arden tus falsas sonrisas,
tus extraños besos.
Arde el calor de tu abrazo.
Arde en una hoguera todo lo que tú y yo habíamos construido,
y tú solo has quemado.

Me arde el corazón de solo pensarte
y los recuerdos donde tan felices éramos
ya no son nada,
ya solo son cenizas.

Nuestro amor
ni la catarata más grande lo podía apagar,
o eso creía yo.

Pero de repente,
sin ni siquiera imaginarlo,
aquí estoy,
enfrente de la hoguera que poco a poco quema cada recuerdo
de tu paso por mi corazón,
de tu paso por mi vida.

Fotos,
cartas,
tequieros,
promesas,
besos,
sonrisas,
abrazos
ya no son nada,
ya están desapareciendo.

Pero, cariño,
no pienses que todo el amor que te he tenido se ha desvanecido
ni que quemo toda nuestra historia
a causa del odio,
porque la verdad es que los recuerdos que lanzo a esta llamarada
están haciendo lo mismo que mi corazón el día que te marchaste:
consumirse
lentamente.

Libre

Me daba tanto miedo la libertad
que asumí que jamás conseguiría huir.
Pensé que no merecía la oportunidad de ser libre
y acepté quedarme atrapada en aquella celda.

Mi vida llegó al límite
y todo problema me daba la misma solución:
huir.
Coger las maletas y no decir adiós,
pillar ese vuelo con dirección desconocida.

Desde la altura de ese avión, solo pensaba en una cosa:
«¿Qué será de mí?».
Voy sin plan y sin destino
y sin acompañante, aunque eso no me preocupa.

Me siento atada a una ciudad,
aquella ciudad donde he crecido,
donde tantos recuerdos guardo,
pero que no siento como hogar.

Fue entonces cuando me di cuenta
de que no tengo un hogar fijo,
de que mi alma viaja por lugares donde mi cuerpo quizás nunca
llegue a pisar,
de que soy un alma nómada.

Desde las vías

Vi como ese tren avanzaba
con la esperanza de que parara,
de que te hubieses replanteado todo
y hubieses decidido quedarte.

Mi mirada estaba sujeta a aquella puerta
suplicando que la volvieras a cruzar
y seguidamente volvieras a mis brazos.

Pero me tocó solo imaginarlo
porque nada de eso sucedió.
Te subiste
y no miraste para atrás,
para ver qué dejabas
o cómo me dejabas.

Conforme veía cómo te ibas
poco a poco
para no percibir tu marcha,
yo sentía como me consumía
poco a poco
para que nadie lo notara.

Nuestra mejor oportunidad

Siento que eres tú la oportunidad perfecta de conocerme,
de darme una última oportunidad
y descubrir quién soy realmente.

Eras tú
con quien podía bailar bajo la lluvia,
cantar hasta quedarme sin aliento
y llorar hasta quedarme sin lágrimas.

Con quien ir a los mejores museos
a ver los mejores cuadros
o incluso a ver los mejores grafitis
y juntos adorar el arte urbano de nuestro barrio.

Cada plan a tu lado
siempre fue la mejor oportunidad de ser tú y yo,
de ser nosotros,
de ser yo contigo
y tú conmigo.
De sentirnos y querernos
por primera o última vez.

Dame vida

Quiero volver a mis cabales,
a la normalidad.
A despertarme con ganas
y querer aprender de la vida.
Tengo mucho que dar
y mucho que recibir.
Todavía tengo muchas heridas que curar
y mucha gente a la que ayudar,
muchos sueños que cumplir
y personas a las cuales hacer reír.

Tengo muchos balones que parar,
muchas victorias que celebrar
y muchas derrotas que llorar.
Por eso solo pido una cosa:
no limites el paso del tiempo
y deja el rumbo libre a mi existencia.

No me ates
ni me pongas etiquetas;
tan solo déjame explorar,
conocer mundo y conocerme a mí.

Déjame por un momento
saber lo que es respirar
sin sentir que se me oprimen los pulmones,
amar
sin sentir que estoy haciendo algo malo,
vivir
sin sentir que no lo merezco.

La teoría de las 3 miradas

Primera vista

Mi único objetivo era huir de aquella discoteca cuanto antes,
pero cuando mis ojos encontraron los tuyos,
el tiempo se paró,
ya no tenía tanta prisa por largarme,
ya no iba a marcharme
sin la condición de salir agarrado de tu mano.

Rutina

Saboreo tus labios
justo después de haber probado tantos otros.
Te mirabas al espejo con total normalidad,
pero yo no te veía,
no te reconocía.
Poco a poco te consumiste tú sola
como una cerilla recién encendida, pero tirada al andén.

Aborrezco tu mirada y, por no desmontar nuestro día a día,
se me va la vista observando otras,
pero navego por la tranquilidad porque «todo esto es pasajero»;
y yo te sigo queriendo
aunque no te lo demuestre,
aunque no te lo diga,
aunque ya ni te lo transmita.

Despedida

Creí tener un hábito,
levantarme cada día a tu lado
y observar cómo vivías engañada;
pero realmente seguía en mi tranquilidad
porque nunca llegarías a tener las fuerzas de plantarme
y dejarme atrás;
no podías hacerlo,
o eso creía.

En nuestra mirada vivía una chispa,
pero lentamente se fue apagando,
se consumía por las gotas que salían a diario de tus ojos.

No me di cuenta
hasta que todo lo que creí tener asegurado
poco a poco se esfumaba.

En el momento que todo acabó,
seguí buscando tu mirada en los ojos de muchas más
sin saber
que no era una mirada lo que buscaba.
Eras tú,
siempre te buscaba a ti.

Vínculo

Llámame *cariño*,
muérete de amor.
Muerde las sábanas de placer
y retuércete tras la agonía.
Ámame con pasión,
quiéreme sin dolor.

Haz todo esto
hasta que el sol deje de brillar,
hasta que el calor enfríe y el frío arda,
hasta que el cielo se quede sin estrellas
y tú te quedes sin armas para seducirme.

Haz todas las locuras que tu cabeza se plantee
porque por verte libre
diré que sí hasta a la más perturbada.

Diré que sí,
que acepto cualquier provocación que a tu cuerpo le venga de
gusto hacer al mío
porque, al fin y al cabo, somos eso,
tan solo dos cuerpos
que se unen por placer
y se juntan por amor.

Ya no

Puedes irte,
no me sirve de nada que tu cuerpo esté aquí
si tu alma vaga por otros lugares,
no me sirve mantener algo que ya no es
ni mantenerte
si desde hace mucho
ya no eres mío.

Te fuiste tan lentamente
que ni siquiera me di cuenta,
que ni tiempo me ha dado de aceptarlo.

¿Sabes cómo me enteré?
Un día llegué y se notaba diferente,
faltaba tu olor por las sábanas,
tu desorden que mantenía mi orden
y tu ropa en las perchas.

Tarde en entenderlo,
pero poco a poco estoy comprendiendo
que ya pasó el momento,
que ya no es lo mismo,
que ya pasaste por aquí.
Que ya no.

Dueña de mí

Le temía a todo aquello que no fueras tú
en el salón de mi casa,
semidesnuda,
adueñándote de mí como si tu esclavo fuera.

Adueñándote de cada centímetro de mi piel,
la cual recorrías con tu lengua
para bajar al abdomen
y que se armara la guerra.

Que como escarmiento
tenía la obligación de solo observar tus curvas,
donde me mareaba y me volvía cada vez más dócil,
y, sin darme cuenta,
acababa arrodillado a tus pies
—y bendito castigo—.

Que había momentos
que no diferenciaba los gritos de rabia
a los de placer,
pasar de que me grites lo capullo que soy
y sin que te des cuenta ya estamos tirados en la cama,
y que allí es donde se crea la magia,
porque me doy cuenta de que rozándote
te pasa lo mismo que cuando te leo los poemas que llevan tu
nombre:
que se te eriza la piel.

Huellas

Me dijeron que los desamores
se acaban superando,
que de tu marcha sobreviviría,
pero la verdad es que
no tengo muy claro
si esto que llevo desde tu huida
se puede llamar *vida*.

Quiéreme

No me quieras en voz baja:
quiéreme a gritos en medio de Gran Vía,
quiéreme cantando a todo pulmón,
quiéreme libre
siendo yo.

Quiéreme mientras la cago,
mientras pido perdón
y cuando la vuelva a cagar.

Quiéreme descubriendo quién soy,
quién eres,
quiénes somos
aunque nunca lo averigüemos.

Quiéreme ahora,
mañana y siempre.
Quiéreme mientras puedas
y cuando ya sea demasiado tarde.
Quiéreme cuando quieras
y cuando dudes de si yo lo hago.

Quiéreme cerca,
a tres centímetros de tu cuerpo,
a dos de tu pelo,
a uno de tus labios
y a cero de ti.

Haz lo que quieras,
mientras que, siempre que me quieras,
me quieras bien.

Saber de ti

Dices que somos un par de desconocidos,
pero sé exactamente cuántas pecas tienes en la cara.

Sé que te da miedo la oscuridad
porque la sientes muy solitaria,
que te podrías pasar horas observando grafitis
y te enerva que opinen que es vandalismo
porque claramente es arte urbano
y según tú está superinfravalorado.

Desconozco el porqué,
pero sé que crees que sincerarte sobre cómo te sientes
es hacerte daño a ti misma.
Sé que lo echas muchísimo de menos,
que no soportas la idea de saber que él tiene su vida
totalmente independiente de ti,
pero que no tienes el valor de intentar resolverlo todo
otra vez.

Crees tener la certeza de que tu amor es inválido,
que sientes no saber amar o hacerlo de la forma más errónea.
Cariño, no sé quién te ha hecho creer eso,
pero te enseñaré de la forma más bonita
que tu amor es el más válido,
al menos para mí.

Sé que sientes paz e inspiración cada vez que te sientas a escribir
y fuera está lloviendo,
que te da miedo cómo puede acabar tu aventura como escritora
o dudas por si algún día puede empezar.

Que, aparte de pecas, tienes lunares rodeando tu cuerpo
y que me quedo embobado contándolos
porque, como ya te he dicho,
conocerte es mi mayor *hobby*,
y lo que más me gusta
es saber de ti.

Escribir

Escribir
es el momento más solitario
pero más bonito
que he podido llegar a sentir.

Sentarme a verter palabras,
convertir frases en versos,
mantener el desorden
y controlar la cordura.

Aceptar lo que me duele
y transformarlo en pasión,
en aprendizaje.

Y aunque muchas veces derrame lágrimas,
sé que de alguna forma
es parte del proceso,
es parte de sanar.

Se lo merecía

Ella merecía algo mejor,
merecía que todas las luces brillaran
cuando cruzaba por cada calle;
merecía que la sacaras a bailar,
da igual si en las fiestas
o en medio de la lluvia aquella noche de verano.

Merecía unos versos susurrados por tus labios
o unos mensajes escritos desde tu corazón,
merecía que valoraras cada acto de sacrificio que hizo por ti,
que te dieras cuenta de las sonrisas que te sacaba
cuando su corazón se destruía a pequeños pedazos.

Ella merecía tantas cosas,
como que cumplieras un mínimo de promesas
que en su día ni tenías problema en prometer.

Joder,
ella merecía que la quisieras,
que la quisieras bien.
Merecía que le explicaras una a una
cada pregunta a falta de respuesta
que le quitaba el sueño cada noche,
merecía encontrar a aquel hombre
que le prometió cuidarla por siempre.

Ella merecía una vida,
una oportunidad más.

Aprenderemos

¿Aprenderemos en algún momento?
Va siendo hora de aceptar que ya no somos
o que ni siquiera fuimos,
porque nuestra historia —si así se la puede llamar— siempre
la vi borrosa.

Que cuantos más años pasaban,
más nos costaba darnos cuenta
de que uno sin el otro
no era nada,
que yo sin ti
era como una canción sin melodía,
que tú sin mí
eras un poemario
sin versos.

Tanto tiempo hemos perdido
que nos faltarán 19 vidas para recuperarlo;
que si llegamos a tener una historia
borrosa o lúcida,
siempre fue lo que mantenía nuestras ganas de averiguar
nuestro destino.

Hasta que nos volvamos a encontrar

Te perdiste siendo mi sombra,
pero, aun habiendo pasado los años,
te sigo buscando bajo todas las oscuridades que veo
sin la finalidad de parar,
al menos hasta que te vuelva a tener.

Sé que me buscas en todas las canciones,
al igual que yo te encuentro en todos mis poemas.
Sé que te guardas todos tus secretos
para intentar gritármelos cuando el silencio se adueña de nuestra
distancia,
distancia que mantenemos en vano,
ya que, aunque nuestros ojos no se cruzan,
nuestros corazones se buscan.

Que teniéndote tan cerca te extraño tanto,
que observándote a metros te noto raro
y susurrándote a centímetros
te siento desconocido.

Hace tiempo que dejamos de ser,
que nos perdimos entre la multitud;
pero, si tú quieres,
yo estoy dispuesta a buscarnos
hasta que nos volvamos a encontrar.

No más

No recojas los cristales
de aquel vaso que se rompió
cuando te temblaban las manos a causa del miedo.

No los recojas porque te cortarás
y sangrarás de nuevo,
tendrás que curar nuevas heridas
y recontar viejas cicatrices.

Jamás dejarás esa vida atrás
si, cada vez que te tiemblan las manos,
buscas volver a curarte donde te cortaste;
no dejarás que los recuerdos se borren de tu mente
si corres a socorrer a aquel enfermo
que no se quiere curar,
a aquella herida que no quiere cicatrizar.

Nunca se borrará el daño de tu corazón,
pero, cariño,
prometo sujetarte la mano
y acompañarte en cada dificultad que la vida nos ponga,
prometo adentrarme en tu abismo
y hacerme la valiente con tal de reducir tu miedo,
prometo entregarme a ti
para acariciar tu cuerpo
y adorar tu alma,
para ser fiel a tus locuras,
cumplir cada una de mis promesas.
Prometo no crear heridas
y poco a poco
curar tus cicatrices.

Hygge

Hygge,
apreciar los pequeños placeres de lo cotidiano.

Placeres como sentarme a leer,
bailar bajo la lluvia,
correr sin prisa
o llorar sin tristeza.

Desearle buenos días a ese señor,
comprar(me) flores
o ir a dar una vuelta en coche
sin ningún destino,
simplemente para aprovechar el aire que me da en la cara
mientras escucho *Another love* en la radio.

Como mirar un cielo sin estrellas,
observarte con sutileza
o perseguir tu sombra.
Besarte sin que te lo esperes,
acariciarte antes
y abrazarte
después de hacer magia.

Disfrutar de mí
y de ti
hasta que a los dos se nos acabe el encanto.

Promesas incumplidas

No cumpliste tu parte del trato,
me dejaste tirada a los 10 minutos,
y ni siquiera te importo si tras esa puñalada
respiraba,
si seguía viva
o si me mataste.

¿Te cuento un secreto?
No lo hiciste.
Sobreviví, inexplicablemente lo hice.
Casi acabas conmigo
y, aunque no llegaste a acabar el trabajo,
poco a poco, con tus actos lo ibas haciendo.
Ante todo, planté cara
y, aunque durante mucho tiempo pensé que me ahogaba,
cogí aire y nadé sobre mis lágrimas,
todo para resultar más fuerte de lo que parecía
y demostrar(me) que podía vivir sin ti.

Desde el momento que te fuiste,
fui una mesa coja,
y durante mucho tiempo pensé que estaba rota,
pero, sin saber cómo,
he encontrado el equilibrio.

Agua salada

«La cura para todo siempre es agua salada:
el mar, sudor o lágrimas».

Karen Blixen

Porque sentarme en la arena
mientras escucho la brisa del mar
y leo los mejores poemas que mi corazón ha llegado a sentir
siempre será la cura de mi alma.

Porque colocarme bajo 3 palos
cuando todas las miradas se posan en mí;
cuando todo el pabellón está repleto de sonido,
de gritos y ánimos;
pero yo no escucho nada
porque parte de mi trabajo es mirarle a los ojos y reírme
vacilantemente
justo antes de pararme ese balón
que con tanto sudor y esfuerzo nos ha hecho ganar el partido
es la cura de mi corazón.

Que leer todos los poemas que he escrito
justo después de llorar desconsoladamente
o sentarme después de perder aquel partido
del cual dependía la poca confianza que tenía en mí
ha hecho quebrar mi corazón
y destruir mi alma,
y no me ha curado,
pero las lágrimas al menos me han desahogado
y con el tiempo algo han sanado.

Desde el norte

Algún día dejaré todo esto atrás,
toda esta vida a la cual llamo *etapa*;
dejaré a esos amigos que de tantas me han salvado,
a esas personas que tantas veces me han hundido.

Dejaré en estas calles
a aquella persona que arrastraba su alma día tras día,
que perdió el norte tantas veces,
que se perdió entre la multitud,
pero que descubrió dónde podría encontrarse.

Dejaré de ser esa persona que sueña con el frío, el campo y la
lluvia
para convertirme en aquella que en el momento preciso
decidió coger un avión,
dejar las despedidas para otro momento
y las maletas a medio hacer,
y adentrarse en la aventura de su nueva vida.

Dejaré aquí a Idaira
para volver a encontrarme con la Idairi. :)

Sentimientos

Evitamos todo lo que sentimos
por miedo al futuro, pero poco a poco
estamos escribiendo nuestro destino.

En un par de años nos encontraremos por la calle,
tú me saludarás para que parezca que está todo superado
y yo te devolveré el saludo
para que parezca que no te guardo rencor.
Pero por dentro siempre sabremos
que la historia que estamos escribiendo
no es la que queremos,
no es la que sentimos.

En un par de años,
cuando nos dé por sincerarnos,
nos contaremos todas aquellas verdades que suplicamos escuchar
hoy en día,
pero ya no servirá de nada,
ya no será lo mismo,
ni sentiremos lo mismo,
ni seremos los mismos.
Ya será tarde.

Mi estrella en el firmamento

Durante mucho tiempo creí no conocerte,
creí que no sabía a quién le había contado todos mis problemas,
todas mis alegrías,
toda mi vida.
Creí que el tiempo formaba una amistad,
pero cuando te fuiste,
comprendí que no lo hacía el tiempo,
sino la conexión,
y la que tú y yo tuvimos es innegable.

Cuando te fuiste, me hice fan del cielo,
ya que a través de las nubes era capaz de verte.
Escogía una estrella al azar
y la adoraba y mimaba como a ti,
le confesaba todas las aventuras de mi día
y le lloraba todas mis penas;
pero cuando tocaba despedirme, era incapaz,
incapaz de despedirme de una estrella.
Suena una tontería,
pero por ello me daba cuenta de que también era incapaz de
despedirme de ti.

Cada día conozco una estrella nueva
e intento tener la misma conexión que teníamos,
pero sin entender por qué,
mi corazón la rechaza.

Cuando la soga aprieta mi cuello
y me falta aire para respirar,
observo tus copias
y, cuando pasas fugazmente por el firmamento,
tan solo deseo volverte a ver.

Dos en una

Me cuelo en tu pensamiento
y una vez más me planteo muchas cosas.

¿Por qué mis días se están convirtiendo en bucle?
¿Por qué estoy encerrada en la rutina de viajar a los dos mismos
lugares?
¿Por qué cada vez que cierro los ojos vuelve el olor a hospital?

Trato de llevar mi vida lo más natural posible,
de tratar con normalidad esto que me está pasando,
pero creo que también está bien
aceptar que esto no es normal.
Está bien no acostumbrarme a una vida que con esfuerzo estoy
intentando dejar atrás.

Esto es lo que pensé en medio de la tormenta,
justo cuando me prometiste que saldríamos juntas,
que acabaríamos con la lluvia que sale de nuestros ojos
día sí
y día también.

Y esto es lo que pienso
tras haber salido de mi tormenta mental
y con muchísimo dolor
haberte dejado en medio del manantial.

Querido desconocido

Querido desconocido,
sé que no te has dado cuenta,
pero yo ya te conozco.

Yo ya te he visto antes
y he observado cada centímetro de tu ser.
Ya entiendo los trazos que dibujas en un papel
cuando piensas mucho,
pero no hablas nada.
Ya sé que no todas tus palabras salen de tu corazón
y he aprendido a no hacer caso a todas aquellas que salen por
tu boca.
Acabo de entender por qué odias las noches oscuras.
Sé la ruta exacta que haces
cuando tus dedos tocan mi cuerpo
y sé que te encanta viajar por mí.

Lo único que desconozco
es la razón de que cada noche,
cuando todas las luces de la ciudad se apagan,
empiezan a correr lágrimas desde tus ojos,
porque tu risa se ha incrustado en mi cerebro
y tu *amor* se ha clavado como un puñal en mi corazón,
que de tu voz ya no me olvido.
Ya no puedo olvidarme de ti
ni de tu maldita risa
ni de tu maldita voz.
Y no entiendo por qué
ya no soy capaz de olvidar
a un simple desconocido.

Sin ti

No es que no te quiera cerca
ni que tu presencia marchite mi bienestar,
es que simplemente ya me he acostumbrado
a levantarme cada mañana sin tus buenos días
y acostarme sin tus buenas noches.

No soy del todo feliz,
pero me mantengo en un equilibrio
donde ni derrocho alegría
ni me hundo en mi pensamiento.

¿Sabes?
Me costó mucho aceptar que de un día para otro te fueras,
pero que ahora vengas
y quieras recuperarlo todo,
da igual si poco a poco
o a toda prisa,
me hace tambalear ese equilibrio
que mantiene mi cordura.

Y no es que esté loca,
es que me vuelves loca;
que con tus sorpresas
avivas mi pasión
y con tus huidas
las debilitas,
me debilitas.

Contigo soy
y sin ti dejo de ser,
contigo respiro
y sin ti me falta el aire,
que contigo vivo
y sin ti…

Antes de que se nos acabe el tiempo

No tengo tiempo suficiente
para esperarte en otra vida;
por eso déjame en esta
y bailaré dentro de tus huesos
hasta que se me hagan llagas.

Cuando todo el humo se esfume
y pueda ver tu cara,
déjame fusionarme con tu ser
y que juntos seamos uno.

Antes de que se nos acabe el tiempo,
déjame apuntar todas tus metas
y el día que me faltes
prometo cumplirlas una a una.

Déjame escribir mi mayor declaración de amor
un día cualquiera
en una servilleta de papel.
Déjame escribir un libro entero con nuestras anécdotas,
con tus ideas
y con mis miles de razones para amarte.

Déjame anotar todo esto
porque el día menos pensado
se nos acabará el tiempo
y solo podré pedir 5 minutos más
para bailar esa canción
bajo la lluvia
en medio de una carretera
a las tantas de la noche.

Se me está acabando el tiempo,
pero déjame prometerte una cosa más.
Cuando nos veamos en la próxima vida,
prometo enamorarte como en esta
y como en todas las vidas que hemos coincidido tiempo atrás,
porque ya sabes que
tú y yo ya nos conocemos de antes,
ya sabes
que para ti y para mí
el tiempo nunca se expira.

XXII.X.MMXXI

«Tant de bo que ens haguéssim trobat abans,
i que no fos tan complicat,
que la vida no ens donés tantes voltes».

Suu

Todavía no soy capaz de ver tu tumba
y no sé si me hace cobarde el hecho de no poder
o valiente por saber reconocerlo.

Que mi cuerpo se llena de impotencia
cuando recuerdo el porqué de tu marcha,
que mis ojos se llenan de lágrimas
cuando te recuerdo.

El día que te fuiste
es un día que, por más que quiera
o por más que necesite,
jamás podré olvidar.

El cómo me enteré de la noticia,
los momentos previos a entrar a verte,
ese abrazo,
cuando tu madre me agarró de la mano
y me consoló —ella a mí—,
el no saber qué decir
o el vacío que sentí cuando todo paró.

Aquellas lágrimas que recorrían mi cara
se clavaron como puñales en mi corazón.
En ese exacto momento, me sentí sola y tuve frío,
pero tu amor me abrazó
y me hiciste entender
que, pese a que tú te hubieras ido,
nunca más estaría sola.

Para que vuelvas

No lo entiendes,
no quiero que cambies
ni por mí
ni por nadie,
tan solo quiero que vuelvas a ser tú
con esa mirada que tan tonta me ponía,
con esa risa que llenaba una habitación
y con esa actitud
con la que me enamoraste.

Quiero que mi sonrisa vuelva
cada vez que escucho tu nombre
y que el orgullo crezca dentro de mí
cada vez que marques un gol.
Quiero volver a conocerte
volver a encontrarte,
volver a reconocerte.
No pido mucho,
tan solo pido
que vuelvas a ser tú.

Todo tuyo

Quiero ser tuyo
y que tú seas mía.

Que nuestras peleas se finalicen en la cama
y que con tu magia demuestres mi pertenencia,
que me debilites por cada movimiento
y que la palabra *amor*
cobre sentido bajo las sábanas.

Quiero que seamos nosotros
en todas y cada una de las fases,
desde que nos peleamos a gritos
hasta que con un pequeño roce
todo se resuelva de camino a donde ya sabemos.

Quiero que, si tenemos alguna etiqueta,
tú seas mía
y yo todo tuyo.

Sueños a medio cumplir

Sueño con ser escritora,
con ir caminando tranquilamente
y que mi corazón detenga mi cuerpo
cuando vea mi libro expuesto en aquella librería
y que me salga esa sonrisilla tonta plena de orgullo.

Quiero llegar a casa de mi tía
y ver que en su estantería hay un libro,
un libro en el cual ella puso su granito de arena
para que a la autora no le diese tanto miedo
aprovechar la oportunidad y publicarlo.

Quiero que él sepa que pude salir de todo eso
y que aquellos sueños sin futuro
que le comenté en una clase sin nada que hacer
se han cumplido.

Quiero que él vea que decidí arriesgarme;
que, aun teniendo mucho miedo,
tomé la decisión de escribir este libro
y no quedarme con el «y si lo hubiese hecho».

Quiero mirar al cielo
y poder decir: «Lo conseguimos».

Lágrimas de fuego

Perdí la poca cordura que mantenía mi equilibrio
y me encontré en medio del caos que yo misma desaté,
tuve tanto miedo
que mandé abortar la misión.

Mi vida se consumía
como aquella vela que nunca quería apagar,
como aquel mechero del cual nunca levantaba el dedo.
Quise jugar con fuego
y acabé enamorándome en medio de un incendio.

Terminé quemándome,
notaba las llamas,
cómo me ardía el corazón.
Y acabé llorando lágrimas de fuego.

Pensé que ya nada quedaba,
pero desde ese momento
me convertí en cenizas
y, sin saber cómo,
resurgí de ellas.

Suerte

Si hago todo esto
es para que todos me conozcan,
para dejar claro quién soy
y abrir paso a quién quiero ser.

Si publico algún día todas estas páginas
es para que te des cuenta de que finalmente sí que sentía,
para que compruebes que de verdad me dolía
y reacciones ante la verdad.

Si hago todo lo que hago
es para aquellos que creían conocerme
se percaten de quién tenían al lado
y descubran de una vez por todas
que aquella niña realmente sí que era una desconocida.

Si hago lo que quiero hacer,
da igual si mañana
o dentro de mucho tiempo;
si consigo esa valentía, tan solo déjame vía libre,
que no se te ocurra atarme,
cortarme las alas.
Si tienes algo que decir,
tan solo deséame suerte.

Te quiero

Te quise incluso cuando no quería ni quererte,
cuando no sabía lo que era la palabra *amor*
ni sabía amar.

Te quise viendo y aceptando los miles de defectos que tienes
e intentando transformarlos en virtudes.
Te quise porque fuiste mi salvavidas
en un mar lleno de lágrimas.

Te quise porque de alguna manera
tatuaste en mi interior una nueva forma de vida,
una en la que aquella niña pequeña entendía
que no necesitaba llorar todos los días
para saber que sus emociones seguían siendo válidas.

Te quise cerca
y te quise lejos,
pero cada vez que te alejabas,
el miedo apretaba la soga
que el amor puso alrededor de mi cuello,
y en ese momento te quería más, y cerca.

En toda mi vida
te he querido como a nadie,
pero ya no te puedo querer más,
porque, si lo hago,
acabaré con lo poco que me quiero a mí.

No lo sabes

No lo sabes todo,
no sabes que mi amor por ti ha cambiado,
que ya no eres mi número de emergencia
y que ya no me escucho ese audio todas las noches.

Sabías que me estaba muriendo,
pero lo que no sabes es que salí de todo aquello,
que he recuperado las ganas
y que ahora tengo ilusión.

No sabes que por fin sé qué quiero hacer en mi vida,
que he descubierto una nueva forma de aprender
y que ahora veo el arte a través de una cámara.

No sabes que cada noche te sueño
y que, cuando no lo hago,
mi insomnio se apodera de las horas.

No sabes que mis poemas,
todos aquellos que te susurraba de madrugada,
van a ser publicados,
aunque supongo que ya te estarás enterando.

No lo sabes,
pero he vuelto a vivir
y he sabido hacerlo sin ti.

Otra vez

Otro beso sin amor,
otro beso sin sabor,
otra vez duermo sin sueño,
otra vez vuelven las sonrisas vacías
y la tristeza sin lágrimas.

Otra vez vuelven a ser las 0:53
y de nuevo pienso en si me piensas,
otra vez mi sueño viaja sobre tus lunares
y mi vida se hunde entre tus hoyuelos.

Otra vez te veo,
otra vez te siento
y otra vez lo recuerdo todo.

Otra vez te quiero,
te deseo,
te echo de menos;
y otra vez me doy cuenta de que no te tengo
y que, por mucho que quiera, no te puedo tener.

Otra vez intento quererte
de cualquier forma,
pero no se puede,
no podemos querernos
sin hacernos daño
otra vez.

Solo tú

No sé exactamente qué me pasó ese día,
pero mi mirada no se desviaba de tus ojos.
Por más gente que hubiese,
solo te veía a ti;
entre una gran multitud,
solo estabas tú.

Besos

Soñé que te besaba
aquella madrugada,
aquella mañana,
aquella tarde,
aquella noche.

Te bese rápido,
lento,
con ganas,
con pasión,
con prisa
y sin ella.

Besos con caricias,
con lágrimas;
besos de ensueño.

Un beso rápido porque me tengo que marchar
y uno lento
porque, aunque tenga que hacerlo,
todavía no me quiero ir.

Dame todos los besos que tus labios te supliquen
y, cuando toque dar el último,
convirtámoslo en el penúltimo,
porque cuando me tengas a tres centímetros de ti,
siempre querrás uno más;
cuando me tengas cerca,
todo parará,
todo dará igual.

Otra noche igual

Creí haberte olvidado,
pero de repente vuelven a ser las 2:08 de la madrugada
y vuelvo a llorarte.

Vuelve a llover en la calle
y otra vez te estoy escribiendo.
Pero, como siempre, te escribo textos absurdos
que seguramente nunca vayas a leer.

Creí haberte superado,
pero son las 0:45
y sigo pensando en todo lo que podríamos haber hecho para
que saliera bien,
que podríamos haber contado otra historia,
que podríamos haber aprendido de los errores.

No quería escribirte de nuevo,
pero eran las 3:59
y me ahogaba entre mis lágrimas.

Aquella noche no pude dormir,
me sentía presa de mi mente
y eras el único que podía liberarme;
pero tiraste la llave al mar
y dejaste correr las lágrimas por mi cara
hora tras hora,
cada madrugada.

0:24,
no puedo dormir.
Cada vez que cierro los ojos, te veo,
pero cuando los abro,
ya no estás,
desapareces.

Cada mañana veo como tu sombra se va desvaneciendo,
veo como pasan las horas
y sigo sin tener noticias tuyas;
y sin darme cuenta,
el día se ha convertido en noche
y tengo que contarte la misma historia
una madrugada más
otra noche igual.

Preguntas sin respuesta

Ya no me vuelvas a preguntar.
No me preguntes cómo estoy
ni qué es de mí
ni cómo me trata la vida.

No me preguntes si este libro se va a publicar,
si voy a luchar por lo que de verdad quiero
o si dejé tirado aquello que amaba.

No me preguntes si sigues significando algo para mí,
porque esas preguntas no tienen respuesta,
y si la tuviesen,
serías la última persona en saberlas;
y no por mí,
sino por ti, por la indiferencia con la que me castigas
día sí
y día también.

No me preguntes si te he superado
porque, si te digo la verdad,
no lo sé.

Lo único que quiero que preguntes
es aquello que realmente te importe.
Pregúntame
si en la próxima fiesta
voy a poder verte sin sentir nada,
si voy a aceptar una charla en un simple banco
o si voy a aceptar perdonarte
por milésima vez.

A tu lado

Cógeme la mano
cuando esté perdida en medio de la oscuridad.
Cuando no pueda ver nada,
quítame la venda de los ojos
y así podré seguir las pistas
que tu corazón me deja en el camino.

Siempre que me dé miedo algo,
cógeme de la mano
y oblígame a adentrarme en el abismo,
guíame por la oscuridad,
enséñame tu mapa de ruta,
e intentaré caminar por tus curvas.

Intentaré sobrevivir
desde la manera más fácil
hasta la más difícil,
desde la más simple
hasta la más absurda
tan solo por verte sonreír una mañana más.
Por permanecer a tu lado
tan solo cinco minutos más.

Para que te acuerdes de mí

Quiero que, cuando me vaya,
nunca me olvides.
Quiero dejarte mi olor en cada habitación,
mis manías en cada acción
y mi voz en cada melodía.

Quiero que mi risa sea tu canción favorita
y mis anécdotas
tus mejores recuerdos.
Quiero que, cuando veas un grafiti nuevo en el barrio,
lo primero que pienses sea en mandarme una foto.

Quiero que me tengas presente
y contigo averiguar un futuro,
pero, si no es posible,
quiero que me imagines
cuando veas un cielo lleno de estrellas
y que me pienses en cada Sant Jordi.

Todo esto quiero que lo hagas
para que pienses en aquel momento,
todo
para que te acuerdes de mí.

Un cuento sin final

Hay veces que queremos un final feliz,
cuando ninguno de los protagonistas
está feliz por cómo acaba la historia,
cuando mis noches se resumen en extrañar tu cuerpo
y todas las mañanas imagino tu sombra.

Hay veces que hemos querido tener un final feliz
cuando felicidad es lo que sentimos al vernos
y, cuando nos separamos,
sabemos que no es un final.

Que mis labios reclaman los tuyos;
que mis sueños te buscan,
pero no te encuentran.

Que pensé que mi vida continuaba sin ti,
pero siempre vuelvo al punto de inicio,
porque uno siempre vuelve donde fue feliz
y no puedo negar que a tu lado lo fui.

Te prometo que lo deseo,
deseo que esto termine,
pero no podemos tener un final feliz
si sabemos que la historia todavía no ha acabado.

Tú.

Antes de ti

La verdad es que no recuerdo mucho de mi pasado antes de ti.
Supongo que siempre te estuve esperando,
siempre esperé a sentir algo así.

Antes la música no tenía melodía
y cada canción tenía la misma letra.
Antes el cielo era de un simple color
y mis sentimientos
estaban clasificados
porque no todos eran válidos.

Antes
nada tenía sentido
y el tiempo pasaba muy rápido
y, sin darme cuenta,
se me iba la vida.

Contigo

Contigo todo era perfecto.
Lo oscuro se iba clareciendo
y lo malo
ya no parecía tan malo.

Contigo
supe lo que era amar,
pero amar de verdad, de corazón.
Supe valorar las pequeñas cosas
como levantarme cada mañana,
volver a aquella pista
o el simple hecho de sonreír
un día cualquiera.

Contigo
todo cobraba sentido
y el tiempo transcurría
mucho más lento.

Después de ti

Cuando te fuiste,
no sabía qué sería de mi vida;
ni siquiera sabía si habría un después
o si habría vida.

Cada rincón
me recordaba a ti.
Veía tus rizos por todas las sábanas,
dibujaba tus facciones durante mis sueños
y aquella canción retumbaba en mi cabeza a todas horas.

Nunca imaginé que serías lo que fuiste,
pero después de mucho tiempo
entendí que sí,
que sí que hay vida
después de ti.

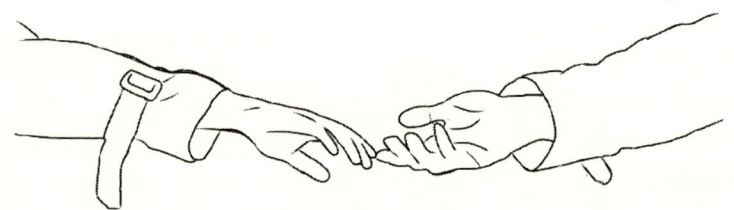

**De ella.
Para ella.**

Escrito por María

Paso por la misma acera, otro día más que no te veo,
ya van una docena y la cosa no mejora.

Desde que te fuiste, me sigue tu sombra,
tu recuerdo aún me asombra,
tu voz se ha convertido en mi banda sonora,
suena por mi cabeza a cualquier hora.
Sigo buscando la manera de entender por qué me mentías a la cara,
que mi mente de pensarte no para,
mi corazón todavía te añora,
cada noche mis ojos te lloran.
Dejaste que lo nuestro muriera,
todo lo que me prometiste fue mentira pura,
mi ilusión aún dura.

Mi imaginación aún se aferra a la idea de nuestra vida perfecta.

Escrito por María

Mi vida ha dado un giro de 180 grados,
ahora me estoy acostumbrando,
he caído en un lugar desconocido y yo me siento a veces una
desconocida.
Pero tengo una cosa clara:
no puedo dejar de ser feliz
aunque sea solo un segundo al día.
Estoy invirtiendo un tiempo para mejorar mi calidad de vida,
aunque a menudo no soy capaz de verlo así.

Escrito por María

En medio de mi mar de males,
que poco a poco se estaba convirtiendo en océano.
Mientras me ahogaba, llegaste tú; no sé cómo, pero apareciste
y la marea se calmó.
Había estado buscando alguien como tú toda mi vida,
alguien que fuera capaz de nadar en mis lágrimas y desgracias
siendo mi salvación.

Escrito por María

Los días se repiten.
Vuelvo a tropezar con las mismas inseguridades.
Vuelvo a llorar por los mismos errores.
Vuelvo a ser atormentada por los mismos miedos.
El caos me sigue a todos lados.
Una voz me dice desde hace tiempo que algo no va bien.

Índice

Agradecimientos

Ante todo, gracias a mi familia y amigos, porque sin su ayuda nunca hubiese logrado nada.

A Fermín, por acompañarme y guiarme en la peor etapa de mi vida, por hacer cosas que no eran parte de tu labor y haber consolado cada una de mis penas, clase sí y clase también.

A mi equipo y entrenadores, por haberme enseñado tantos valores tanto fuera como dentro de pista, por haber conseguido hacerme valer y por haberme apoyado y haber vivido cada una de mis alegrías, como si fueran las vuestras propias.

A Montse, porque gracias a ella conocí a la persona que me salvó, porque me consoló y me ayudó a cumplir el sueño de mi vida.

A María, la persona que lo fue todo, mi querida ángel de la guarda.

Gracias por haberme ayudado a publicar este libro y por haber ayudado a que mi vida continuara un poquito más.

A ti,
que estarás leyendo estas páginas y has invertido unos minutos de tu vida en querer conocer mi historia.
Espero que con este libro quieras volver a la primera página y volver a disfrutar de ella
y de la siguiente,
hasta que vuelvas aquí y quieras volver al principio.

Y, por último,
gracias, Idaira,
gracias por no haberte rendido.